スタディサプリ

!!! 三賢人の学問探究ノート

今を生きる学問の最前線読本

人間を究める

松尾豊 先生
人工知能

長谷川眞理子 先生
行動生態学・自然人類学

廣野由美子 先生
英文学・イギリス小説

スタディサプリ 進路 ・編

ポプラ社

はじめに

人を〝熱中〟へとかき立てるものは何だろう？

私たち「スタディサプリ進路」は、高校生に向けて、
自分らしい進路選択を応援するための情報を編集し、届けています。

多くの研究者や仕事人に取材をする中で、ひとつ気づいたことがありました。

どんなにすごいと言われる研究や、社会のあり方を変えてしまうような
取り組みであっても、そのはじまりは意外にも、
身近な出来事や気づきであることが多いのです。

このシリーズに出てくる賢人たちのはじまりも、そうです。
昆虫の色の不思議。教室での違和感。
親戚《しんせき》からもらった生き物図鑑を開いたこと。
きっかけは、誰にでも起こりうる、身近な出来事です。

しかし、その小さなきっかけを「おもしろい!」と感じたからこそ、
熱中への扉が開かれ、結果として「人間」「社会」「生命」といった
壮大なテーマへとつながっていきました。

賢人たちの熱中のストーリーは、
あなたにどんな気づきを与えてくれるでしょうか。

このシリーズが、あなたなりの熱中と出合い、
そして未来へとつながっていく、ひとつのきっかけとなりますように。

スタディサプリ 進路

2 ヒトはいつ大人になるのか？

長谷川眞理子先生
行動生態学、自然人類学

3 物語に描かれている「人間」とは？

廣野由美子先生
英文学・イギリス小説

1 知能はつくることができるのか？

松尾豊先生

1975年香川県生まれ。東京大学工学部卒業。東京大学大学院博士課程修了。スタンフォード大学客員研究員などを経て、現在は東京大学大学院工学系研究科教授を務める。専門は、人工知能。

世の中にあるものや、できごとの「理由」を考えてみる

この本から視線を上げて、自分のまわりを見てみてください。

今、あなたのすぐ近くにあるもの——イスや、机、もしかしたらコップや、文房具などもあるかもしれません——その中から何かひとつを選んで、こう考えてみましょう。

「これは、なぜこんな形をしているのだろう？」

少し考えてみると、この形でなくてはならない理由がいくつか見つかるはずです。しかし、あなたは目の前のものに対して、なぜこのような形をしているのか、疑問を持ったことがあるでしょうか。その形であることが当たり前だと思って、見過ごしてはいませんでしたか？

「世の中のおおよそのものには理由がある。うまくいくものにはうまくいく理由が、うまくいっていないものにはうまくいかない理由があるのです。もし、うまくいかない理由がわからないものを見つけたら、それは『チャンス』だと私なら考えます」

こう語るのは、人工知能研究のトップランナー・松尾豊《まつおゆたか》先生です。松尾《まつお》先生は、コンピュータを使って、人間の手によって人間のような知能をつくる研究をしています。今でこそ、人工知能やAIという言葉をよく聞くようになりましたが、松尾《まつお》先生が研究の道に入った2000年代は、人工知能研究の冬の時代。人工知能なんてつくれるわけがないと、多くの人が思っていました。

ところが、松尾《まつお》先生は「普通に考えたら、人工知能はできないはずがない」と考えました。人間の脳はいわば電気回路であり、人間の思考や感情を計算に置き換えることができたら、それはコンピュータでも実現できるはず……。

これは、考えることが好きな少年が、一つひとつ普通に考え続けた結果、「知能をつくる」という壮大な挑戦をすることになったお話です。

コンピュータで「人間とは何か?」がわかるかも!

ポケコンに夢中になった小学生

「ポケットコンピュータ」と聞いて、何のことかわかる人はいるでしょうか。

初めて聞く人が多いかもしれませんね。まだパソコンの価格が高くて家庭では手に入りにくかった1980年代に、小型のコンピュータ「ポケットコンピュータ」、通称「ポケコン」が流行しました。

私は小学生のとき、両親からこの「ポケコン」を買ってもらいました。電卓のような見た目ですが、プログラミングをすることもできました。パソコンの専門雑誌に書いてある

ゲームはつくって楽しむもの！

通りにプログラムを書くと、命令した通りに計算したり、少し複雑な計算式でもすぐに答えを出したりするのです。私はそれが楽しくて、自分でプログラムを書いたり、考えたプログラムを雑誌に投稿したりして遊んでいました。

小学生の私は、思いました。

「コンピュータって、すごい！」

自分のつくりたい世界が、コンピュータを使えば何でもつくれそうな気がする……。コンピュータの中に仮想の世界をつくることもできるかもしれない……。

この小さなコンピュータには、無限の可能性があると感じたのです。

中学に入ると「自分って何だろう？」とか

「人間はいつか死んでしまうのだな」とか、そうしたことが気になるようになりました。私が今、考えたり認識したりできるのは、生きているから。でも、私が死んだら、私が考えていることもなくなってしまう。

私は自動車とか飛行機とか、男の子が夢中になるような具体的なものにあまり興味がありませんでした。**それよりも「自分って一体何なのだろう?」という哲学的な問いに興味があったのです。**

高校に入ると、哲学書をよく読んでいました。……といっても、勉強づけの生活をしていたわけではありません。

当時人気だった『週刊少年ジャンプ』や『週刊ビッグコミックスピリッツ』といったマンガ雑誌を読むことや、「ダウンタウンのガキの使いやあらへんで!」というテレビの深夜番組を見るのを楽しみにしていました。

受験勉強をするようになっても、マンガを読んだりテレビを見たりはしていました。定期試験が終わるたびに「これからは勉強しよう!」と、遊びの時間を削って勉強だけをしようとする人がいましたが、2、3日やってやめてしまう人も多くいました。そこで私は、1週間の中で自分が使える時間を書き出して、「遊びの時間」を先に確保してから、勉強す

コンピュータが人間の意識を再現できたら……

る時間を決めていきました。受験という大きな目標に向けて、破綻《はたん》のない計画を立てようと工夫したのです。何でも自分の頭で考えてみることが好きだったのでしょう。

さまざまなことに考えをめぐらせる中で、ふと思うことがありました。

「もしも、自分の意識をコピーできたら、自分は、今の自分か、それともコピー後の自分か、どちらに行くのだろう？」

コピー元の自分は、「分身ができた」と思うだけかもしれません。でも、コピーされた側の自分はどう思うのでしょう。

さらに、コピー先がコンピュータで、そのコンピュータ上で自分の意識が再現できるとしたら、人間とは一体何なのでしょうか。人間の意識とは、一体何なのでしょう。

大学で出合った人工知能の研究

私が進学した東京大学には「進学選択」というしくみがあり、2年生のときに、3年生から学ぶ専門分野を選ぶことができます。私は相変わらず、コンピュータに無限の可能性を感じていました。しかし、ようやく一家に一台パソコンが普及し始めた1990年代後半の社会は、コンピュータの持つ本当の価値に、まだ気づいていなかったようです。「何でだろう？　コンピュータや、データを集めることは、すごく重要なはずなのに」と疑問に思いましたが、たとえ注目を浴びていない分野でも、やはりコンピュータや情報を扱う学科に進みたいと考えました。

大学に人工知能の研究をしている場所があると知ったのも、ちょうどその頃でした。**コンピュータに人間の意識をコピーすることを通じて「人間の意識って何？」と考えるのと同じように、自分が知能をつくる研究をすれば「自分って何？」という哲学の問いをコンピュータを通じて解明することができるかもしれない――**。

私は、自分の好きなコンピュータと、私が持っていた「自分や存在への問い」を掛け合わせる方法が見えたような気がしました。

ところが、当時、情報工学の分野の研究者や技術者の中には、冗談まじりに、こんなことをいう人がいました。

「何で人工知能なんかやるの？」

今でこそ人工知能は注目を集めていますが、実は人工知能の研究はこれまで、何度か「冬の時代」を迎えていました。本格的に研究がスタートしたのは、今から約60年前です。それから2度の「人工知能ブーム」が起こりました。

もうすぐ人工知能はできるはずだ――そんな期待をどれだけ集めても、研究は壁にぶつかり、停滞し、結局は人が去っていく。私が人工知能の研究室に興味を持ったのは、ちょうど2度目のブームが去った冬の時代だったのです。

私は図書館に行って、人工知能の研究について書かれた本をたくさん読み、こう考えました。

――普通に考えたら、人工知能はできないわけがない。

――なのに、人工知能はまだ全然できていない。

そして気づきました。

普通に考えたらできないはずのないことが、今はまだできていない――これは、すごい

チャンスなのではないか。

私自身は、情熱家でも、冒険家でもありません。むしろ怖がりで、できるだけリスクを避けて生きていきたい性格だと思っています。

ただし、考えることが好きです。

——考えること。

簡単に聞こえるかもしれないですが、実は、多くの人が「普通に考える」ことをしていないのではないでしょうか。身のまわりにあるものや、まわりに流されて続けているような習慣について、「なぜそうなっているのだろう？」とか「なぜこれが必要なのだろう？」と考えてみたことはありますか？

考えるということは、あらゆることに疑問を持つことです。普通に考えていけば、「とにかく勉強時間を増やせば成績が上がる」とか「人工知能なんかできるわけがない」といった周囲の声に踊《おど》らされたり惑わされたりすることはありません。一つひとつ、丁寧に、シンプルに考えていけば、もっとも合理的な答えにたどり着きます。

私が自分で考えてたどり着いた答えは、「人工知能の研究って、どう考えてもおもしろい！」だったのです。

「イヌとネコの見わけ方」を説明できるか

人間の思考が、何らかの「計算」なのだとしたら

先ほど、私は「人工知能はできないわけがない」にもかかわらず「人工知能はまだ全然できていない」と考えた、とお話ししました。

私が人工知能はできないわけがないと考えたのは、人間の脳は、電気信号が流れる「電気回路」でできているからです。人間の脳の中にはたくさんの神経細胞があって、電気信号が行き来しています。何かを学習すると、その電気回路が少し変化します。

同じ電気回路のしくみでできているのが、コンピュータに内蔵されている「ＣＰＵ《シーピーユー》」と呼ばれるものです。ＣＰＵ《シーピーユー》とは、コンピュータの中心となる大事な部分で、コンピュータに関わるさまざまな装置を望み通りに動かしたり、電気回路を流れる信号を受け取って、

計算をしたりします。

人間の脳もコンピュータも電気回路でできているとしたら、人間が考えたり認識したり記憶したりすることは、すべて何らかの計算としてコンピュータで実現できるのではないか、と私は考えたのです。

「そんなわけはない！　人間には感情があるし、コンピュータとは全然異なるものだ」そう思う人もいるでしょう。実際、科学者の中にも、人間の思考や感情をコンピュータの計算に置き換えることができるという考えを否定している人もいます。

ただ、脳の機能や、コンピュータのしくみを見ていくと、「人工知能はできないわけがない」という仮説は、そんなに突飛なものではないと思います。

コンピュータの認識に必要な「特徴量《とくちょうりょう》」の獲得

人間の脳も、コンピュータも同じ電気回路で成り立っている——。だとしたら、人工知能はすぐにでも実現できるのではないか、と思う人がいるかもしれ

考えるためには人間の助けが必要だった

ません。でも実際は、私が研究室に入った頃、人工知能はまだ全然できていませんでした。多くの研究者が、人間の知能の謎に挑んできたのに、人間の知能の本質についてすら、ほとんどわかっていなかったのです。

では、一体何が研究を難しくさせていたのでしょうか。

ここに、イヌ、ネコ、オオカミの写真があるとします。「どれがネコかを選んでください」と言われたら、人間であるあなたは、写真を見るだけで、すぐにネコはどれかを区別することができるでしょう。

一方、コンピュータがたくさんある画像の中からネコを認識するには、「目が丸い」「耳がとがっている」というようなネコの特徴を人間が入力する、つまりは人間が教えてあげなければなりませんでした。

　これまでの人工知能の研究では、人間が「コンピュータの行う計算や判断のもとになるモデル」を与えていたのです。

　人間は無意識のうちに、イヌとはどのようなものか、ネコとはどのようなものか、オオカミとはどのようなものかを認識しています。形や色、大きさが微妙に異なっていても、「それがネコかどうか」を判断することができるのです。

　コンピュータが認識するのに必要な、認識対象の特徴を数字やデータで表したものを「特《とく》徴量《ちょうりょう》」と呼びます。これまでの人工知能は、人間が現実の世界にいるネコをよく観察し、「これはネコだ」と判断するにはどこに注目するかを見抜いて、つまりは特徴量《とくちょうりょう》を取り出して、コンピュータに教えてあげていました。

　それさえ教えれば、コンピュータは自動でネコはどれかをピックアップすることができたのです。

　そのため、この「考える・判断するためのモデルを、人間がコンピュータに教えてあげる」というプロセスの部分が、人間とコンピュータの間にある高い壁でした。しかし、最近になって、この高い壁を乗り越える可能性がある驚きの技術が生まれたのです。

「たくさんデータをくれたら、自動的に特徴を見つけます」

生まれた驚きの技術は、「ディープラーニング」といいます。**これは人間の脳の神経回路をまねたしくみで、膨大なデータをもとに特徴量《とくちょうりょう》を自動的に獲得する技術です。**

ネコの例でいえば、コンピュータに大量の画像データを読み込ませることで、人間が教えなくても、コンピュータ自身がネコの特徴を取り出し、それを使って画像を分類することができるようになるのです。これは60年にわたる人工知能研究の歴史の中でも、大きなできごとだと私は考えています。

ディープラーニングの技術が生まれたことで、その先にさまざまな可能性が広がりました。例えば、ディープラーニングによって進展したもののひとつに、コンピュータが動作の系列を学習するしくみがあります。

①今、どういう状態で
②どういう行動をすると
③報酬がもらえる／もらえない

これらを判断し、③で報酬がもらえたら、次に同じ動作を行うときには、報酬がもらえた②の行動をがんばるといったものです。

この学習のしくみ自体は以前からありましたが、①の部分をこれまでは人間が教えてあげていたわけです。ところが、ディープラーニングの技術によって、「今、どういう状態なのか」ということもコンピュータが認識できるようになりました。

人間が、コンピュータの行う計算や判断のもとになるモデルを与えるのではなく、コンピュータ自身が人間の脳のように情報処理を行うことが可能になり始めた――これが、今起きていることです。この先、ディープラーニングの技術を活用すれば、画像を認識することだけでなく、画像や映像を見て、コンピュータが何らかの行動を予測したり異常を検知したり、いずれはコンピュータ自身が言語を理解したり、これまでとはくらべものにならない規模の知識を理解できるようになったりするかもしれません。

私は、今日も「知能をつくる」挑戦をしています。ディープラーニングという技術をえて、コンピュータは人間との間にあった高い壁を突破したように見えますが、まだまだ人間の知能と同じレベルには至っていません。でも、研究の過程で生まれた新しい技術が、今、社会を少しずつ変えようとしています。知能をつくる過程で生まれた技術を、社会にどう役立てていくのか？――それを考えることも私の研究の一部です。

今日もあなたのまわりで、人工知能が活躍している

挑戦の場は研究室の中だけではない

コンピュータのしくみや、聞きなれない技術の話が続いて、少し難しく感じた部分もあるかもしれませんね。

「人工知能の技術って、まだまだ未来の技術なのかな？」

「私たちの生活とはまだ関係のないものなのかな？」

そう思った人もいるかもしれません。

でも実は、人工知能の技術はあなたの身のまわりのいろいろなところで、すでに役立てられています。

例えば、インターネットの検索サイトやSNSでどういった情報を上位に表示するのか、

カリスマ店員の脅威《きょうい》になる日も近い!?

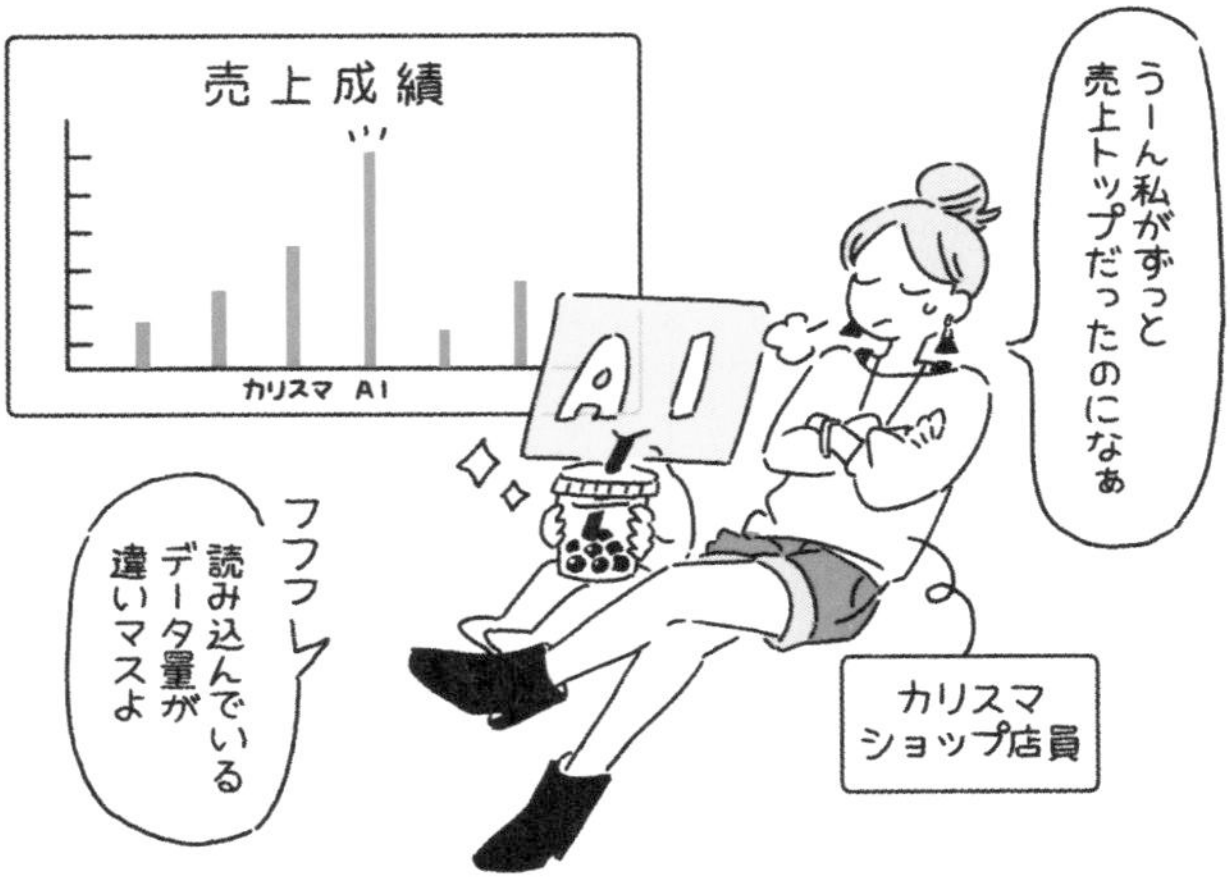
売上成績
カリスマ　AI
AI
うーん私がずっと売上トップだったのになぁ
カリスマショップ店員
フフフ
読み込んでいるデータ量が違いマスよ

Eメールで普通のメールと迷惑メールをどうふりわけるのか、洋服や食品などの販売サイトのオススメ機能やクーポンの配信、電話相手の話し言葉を理解してふさわしい回答をするチャットのしくみ、問い合わせに対して一番ふさわしいページや文章をオペレーターに教えてあげるしくみなど、あげるときりがありません。

洋服店で買い物をしたいと思っている人の中には、お店の人から話しかけられるのが苦手だったり、前に買った商品と合うのかどうかわからなかったり、セールがいつ行われるのかいつもチェックするのは面倒くさいという人もいます。

人工知能の技術は、たくさんのデータから、どういったタイミングで商品をオススメするといいのか、以前購入した洋服に合うのはどの商品か、セールの情報はいつ伝えると効果的なのかなどを読み取り、自動で対応しているのです。

こうした技術は、ディープラーニングの一段階前ともいえる「機械学習」と呼ばれる技術を活用したものですが、すでに私たちの生活を大きく変えています。

ディープラーニングの技術も、いずれより広く活用が進み、私たちの生活を変えていくことになるでしょう。

そうした点からも、「知能をつくる」挑戦というのは、研究室の中だけで行われるのではありません。私の挑戦の舞台は、研究室の外にもあります。

東京大学にある私の研究室、通称「松尾研《まつおけん》」は、今、研究の成果や技術開発以外の面でも注目を集めています。なぜなら、私の研究室から、どんどん新しい会社が生まれているからです。私の研究室の卒業生たち、つまり私と一緒に知能をつくる挑戦をしてきた学生たちが、新たな人工知能の技術を用いて、会社を立ちあげているのです。私自身も、さまざまな会社にアドバイスをすることを仕事にしています。

人工知能の技術を使って、社会を豊かにしたり、困っている人を助けたりするものやサービスを世に送り出すこと。これも、私が大事にしている「知能をつくる」挑戦の一部です。

私が「自分で会社をおこせる人」を育てることに力を入れているのは、これからの研究者は、大学にこもっているだけではなく、「自分の研究がどう社会の役に立つのか」を形にできる人でなければならないと考えているからです。

研究や開発を加速させるためには、国から研究費をもらうだけではなく、企業などから出資を受けて、最新の成果や技術をビジネスに活用しながら研究・開発を続けていくしくみが必要です。**学者として研究をするだけではなく、その研究や技術を人々の生活や社会に必要なものの生産や、付加価値の提供などに役立てる視点が、これからの研究者には求められています。**

新たな事業をおこしたり、企業を巻き込んだりするためには、「人工知能っておもしろいんです！」と言うだけではいけません。

社会には、世の中を豊かにしよう、さまざまな問題を解決しようと日々働いている人たちがいます。その人たちの仕事や会社のしくみを理解して、「この研究はこうした点に価値があり、みなさんの仕事をこのように助けてくれるのです」と伝えることは、これからの研究者に求められる、とても重要な姿勢です。

社会やビジネスといった面から研究を考えることは、知能をつくる挑戦を一歩前に進めることにもつながると、私は強く思っています。

「合理的でなくなったもの」を見抜いて生きよう

まだ人工知能はできていない……。
ラッキーだ！

私が人工知能の研究室に入った頃、「何で人工知能なんかやるの？」などと言われたことがありましたが、今、私にそのようなことをいう情報工学の分野の研究者や技術者はいません。

それは、この20年の研究で技術が進化し、「どうやら人工知能の研究は、私たちの暮らしにも役立つものらしい」と社会が感じ始めているからです。

人工知能の進化はまだまだ続く

そして、ディープラーニングという画期的な技術が生まれた今、人工知能に関する研究領域は、かつてのブームのときのように盛り上がりを見せています。

世の中にも、「人工知能を使ったしくみ」や「人工知能を組み込んだ商品」がたくさん生まれました。「人工知能が、人間の仕事を奪うのではないか？」「人工知能が人間の知能を超えるのではないか？」と、テレビや新聞、本などで語られることもあります。

しかし、本当の意味でいうと、人工知能は、まだできていません。人間の手で、人間のような知能をつくることは、まだ実現されていないのです。

いまだに人間の知能には謎が多く、まだ原

理がわかっていないところがたくさんあります。コンピュータではどうしてもまねすることのできない領域があるのです。

人間の脳もコンピュータも、同じ電気回路でできている。同じものやしくみでできているなら、コンピュータを使って、人間のような知能を、人間の手でつくれるはず。

——なのに、不思議です。

「人間の知能って、一体どうなっているのだろう?」

「人間って、何なのだろう?」

少年時代に感じたのと同じハテナを、私は今でも抱えています。

「普通に考えて」おかしいところにチャンスがある

私が少年だった頃とくらべて、あなたのまわりには、たくさんの情報があります。興味を持ったことをどんどん調べていくことで、自分にとって価値のある情報を手に入れることができます。

だから「まず動いてみる」ことは大事です。

動き出したあなたは、きっと、こんな壁に何度もぶつかります。

「何で、これってこうなっているんだろう？」

「普通に考えたらこうなるはずなのに、何でこうしなきゃいけないんだろう？」

大人たちが「こうしたほうがいい」と言うこと、「こうすべきだ」と言うことに、おかしいと感じることもあるはずです。それはひょっとしたら、かつてはこうしたほうがいい理由があったけれど、時代が変わったことによって、こうしたほうがいい理由がなくなってしまったものかもしれません。

今、時代は猛スピードで変化しています。社会のしくみのほうが、その変化に追いついていないこともあります。特に日本は、しくみや組織が変わるのが遅い傾向にあります。

時代が変化しているのに変わっていないものや追いついていないもの、理由がないのに行われていること、うまくいかない理由がわからないところ……。**それはきっと、あなたにとっての「チャンス」です。あなたが活躍するための、空いているスペースです。**

時代の変化によって合理的でなくなったものを見抜いてください。まわりの声に惑わされないで挑戦してください。そのために必要なのは、たったひとつ——。

「普通に考える」ことです。

POINT

☑ コンピュータに感じた可能性と、
「自分とは何か?」という問いが、
人工知能の研究の原点だった。

☑ 人間のような知能を人間の手でつくる研究をしている。

☑ 「ディープラーニング」という技術が生まれたことで、
コンピュータが人間の脳のように
情報処理を行えるようになり始めた。

☑ 人工知能の技術を使って、社会を豊かにしたり、
困っている人を助けたりするものやサービスを
世に送り出すことも重視している。

**突き詰めて考えよう。
世の中の大半のものには理由がある。
「普通に考えておかしいこと」は、
きみにとってのチャンスだ!**

もっと究めるための3冊

人工知能は人間を超えるか

著／松尾豊　KADOKAWA

人工知能研究の過去をひも解きながら、
なぜ今になって世間の注目を集める存在に
なったのかを解説。ディープラーニング
などの新しい技術への知識も深められます。

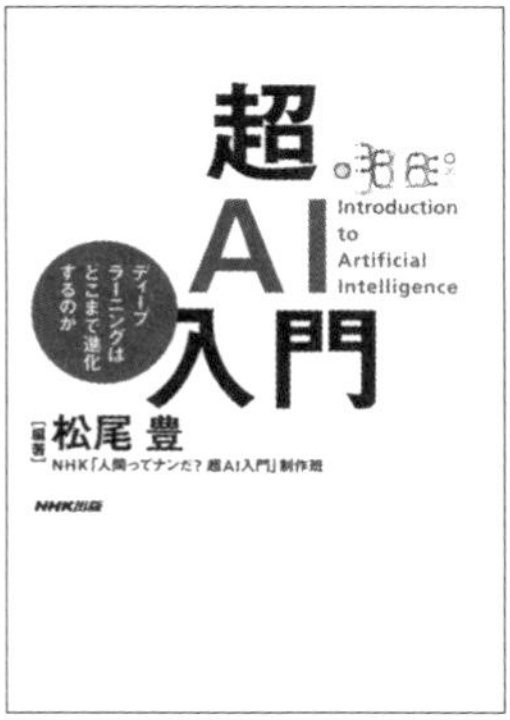

超 AI 入門

編著／松尾豊・NHK「人間ってナンだ？　超 AI 入門」制作班
NHK出版

ディープラーニングはどこまで進化するのか、
技術の基礎から将来の可能性までを
講義形式で解説する一冊。
「人間とは何か？」という問いにも迫ります。

AIをビジネスに実装する方法

著／岡田陽介　日本実業出版社

人工知能への理解を深めると同時に、
人工知能をどのように社会に
活用するべきかを考えていく必要も。
現実のビジネスへの活用法を
やさしく理解できます。

2 ヒトはいつ大人になるのか？

長谷川眞理子先生

1952年東京都生まれ。東京大学理学部卒業。イェール大学人類学部客員准教授、早稲田大学教授などを経て、現在は総合研究大学院大学学長を務める。専門は行動生態学、自然人類学。

見て、聞いて、触って、嗅いで、「本物」に会えばわかる

チンパンジーやシカ、ヒツジなどの動物と、ヒトとをくらべてみると、ヒトは思春期がとても長い動物なのだそうです。ヒトはとても早く離乳するのに、大人として生活できるようになるのには、とても時間がかかります。

不思議です。なぜヒトの思春期は、他の動物とくらべて長いのでしょうか。ヒトの思春期に一体何が起きているのでしょうか……。

もしあなたがこのような疑問を持ったとしたら、どうやって調べますか？

スマートフォンで検索しますか？　本をたくさん読みますか？　では、実際にヒトの思春期の様子を観察してみようとは思わないでしょうか。ヒトが実際に生

活している様子から、疑問の答えを見つけだすのです。大自然の中に出かけていき、野生動物が本来の姿で動き回る様子を観察するように……。

人類学者・長谷川眞理子《はせがわまりこ》先生のルーツは、幼少期に緑豊かな自然の中で育ち、たくさんの生き物に触れたことです。研究の道に進んでからは、人がなかなか足を踏み入れない辺境の地へと向かい、不便な生活を強いられながらも、おりの中とは異なる野生動物の姿を観察してきました。

そして、野生動物の調査をするうちに、長谷川《はせがわ》先生はあることに気づきました。

「どんな動物よりも不思議なのは、『ヒト』という生き物だ！」

なかでも長谷川《はせがわ》先生が注目したのは、動物とくらべて長い、ヒトの思春期の謎でした。そこで先生は、3000人もの子どもを20年以上にわたって観察し続ける、壮大な「思春期調査」を始めます。

「ヒトも、動物も、『本物』を見なければわからない」――。

これは、辺境の地で、見て、聞いて、触って、嗅いで、野生動物の研究をしてきた研究者が、「本物」の人間に触れ、その謎を解明しようとするお話です。

チンパンジーより、「人間」のほうが変！

動物を追いかけて、いざ未踏の地へ

私が動物に関心を持つようになったきっかけは、美しい自然との出合いです。私は幼い頃、和歌山《わかやま》県田辺《たなべ》市に住んでいました。当時の田辺《たなべ》市は、美しい景色に囲まれた地域——きれいな海や川、山があり、磯の生き物や小さな魚、群生している植物など、子ども心に何もかもが美しいと感じられました。

ちょうどその頃、親戚《しんせき》のおばさんに動物図鑑や植物図鑑をプレゼントされたことも、生き物や自然に対する思いを強くすることにつながりました。自分の目で見た生き物を図鑑で調べると、その名前やどんな生態をしているのかがわかるのです。それが、とてもうれしかったのを覚えています。

あらゆる経験が生物学につながっている

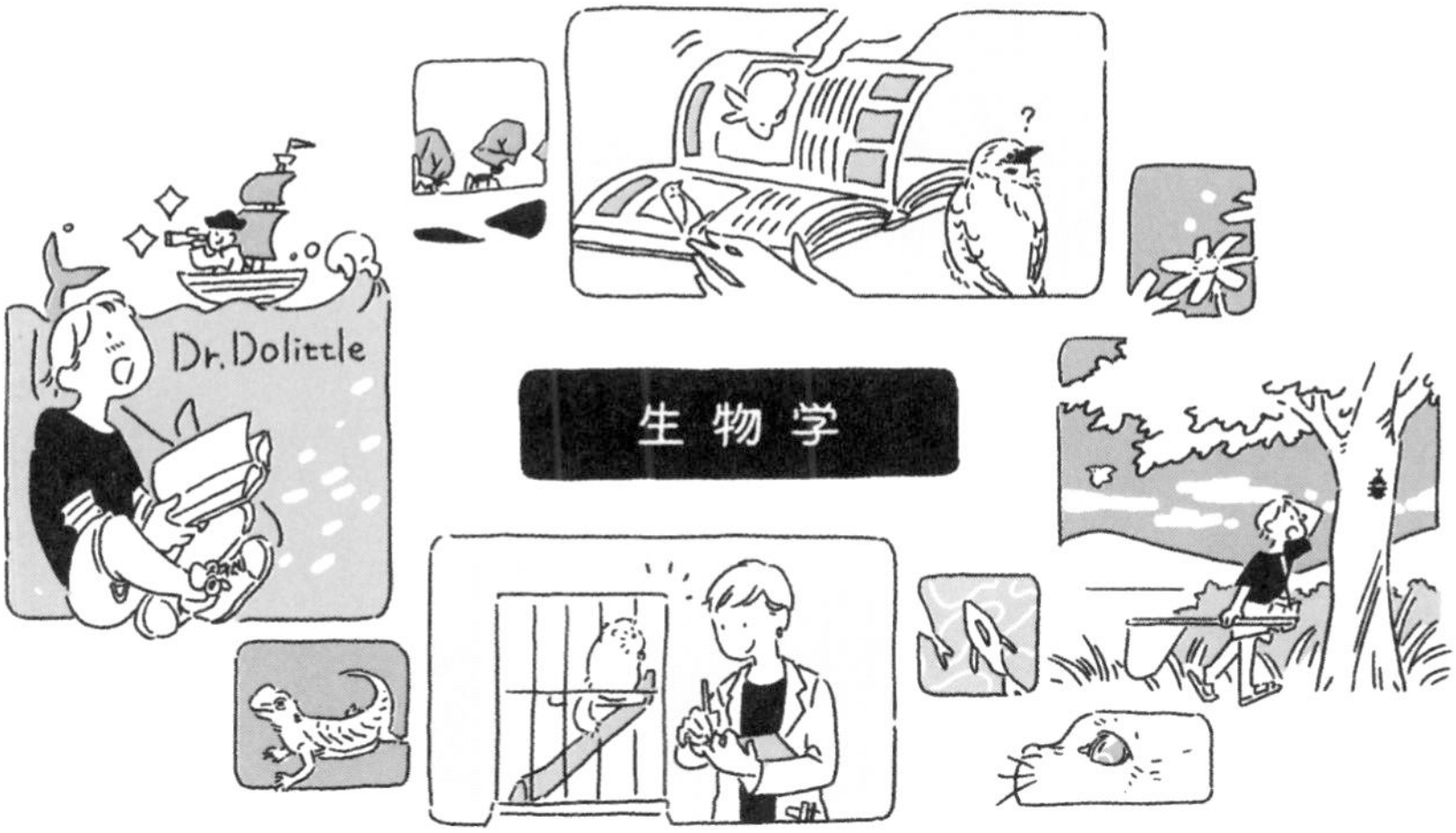

小学4年生の頃に、ある一冊の本とめぐり合ったことも、私の人生を決定づけたもののひとつです。それは『ドリトル先生航海記』でした。

「ドリトル先生」は、イギリス出身の小説家であるヒュー・ロフティングが書いた児童文学シリーズです。獣医師で学者でもあるドリトル先生が主人公で、『ドリトル先生航海記』はシリーズの第2巻にあたるものでした。

この話の中で、ドリトル先生は、助手のスタビンズくんという少年と一緒に世界を旅しています。行く先々でくり広げられる物語は、まさに冒険でした。**それを読んで、私も世界の果てまで行ってみたい、誰も足を踏み入れていないような場所を探検してみたいと、みるみるうちに憧れるようになったのです。**

美しい生き物たちへの思い、ドリトル先生への憧れ、このふたつの感情は、次第に「前人未踏の地を探検して、動物の動いている様子や生きている様子を観察したい」という思いへと変わっていきました。**分子や遺伝子からではなく、動物そのものが自然の中で動き、生きている様子から、動物の進化を研究してみたいと思ったのです。**

そうして私が行き着いたのが、生物学という学問でした。

21世紀の「ドリトル先生」に立ちふさがった壁

東京大学理学部生物学科に進学して、3年生、4年生の頃には、千葉《ちば》県の房総《ぼうそう》半島にある野生のニホンザルの生息地でフィールドワークを行っていました。調査の拠点となる場所は、舗装《ほそう》道路のない山の中で、自動車の腹をガリガリこすりながらでないと行けないほど、普段は人が寄りつかないところでした。廃屋《はいおく》になった民家を借りて、そこへプロパンガスなどを持ち込み、実際に暮らしながら研究をしたのです。

こうした厳しい環境でニホンザルの研究をする経験があったことから、博士課程のときには、タンザニアのタンガニーカ湖にＪＩＣＡ《ジャイカ》（独立行政法人 国際協力機構）の専門家として派遣されました。そこに、国立公園をつくるという話が持ち上がっていたからです。タンガニーカ湖のほとりに野生のチンパンジーの生息地があり、その調査を行いました。今度はガスだけでなく水道も電気もない場所で、自動車の通る道すらありません。湖をボートで渡るしか手段がないような場所で、2年半の間研究をしていました。しかし、そのような僻地《へきち》であっても、人が住んでいる、あるいは住んでいた痕跡があったのです。

ドリトル先生の舞台となっているのは、19世紀頃です。21世紀となった今、もはや人のいない場所というのは世界中を探してもほとんど見当たりません。「前人未踏の地を探検する」という私の夢は、残念ながら叶《かな》いそうにありませんでした。

しかし、そこはたとえ誰かが足を踏み入れたことがあったとしても、めったに人が行けないような場所です。**その場所に行かなければ見られない風景、野生動物の姿があり、私に貴重な経験をさせてくれました。**

イギリスのケンブリッジ大学で、シカやヒツジの研究をした時期もあります。セント・キルダ島という、スコットランドの西海岸の島々の中でも一番離れた孤島で、野生のヒツジを3か月間研究しました。漁船をチャーターするか、軍隊のヘリコプターに乗せてもらうかしなければ行けない場所で、到達した初めての日本人だといわれました。

マダガスカルやスリランカ、プライベートでは北極へも……、どこも簡単には行けない場所ですが、誰も訪れたことのない地はありませんでした。

他の動物には見られない、ヒトの不思議

帰国後は、大学で生物学を教えていましたが、チンパンジーなどの研究をしていた結果、より強い興味の対象が現れました。それは、ヒト——つまり人間でした。**動物の行動や生態を知るにつれて、「人間は変だ」と疑問を感じるようになったのです。**

それまで研究を続けていた動物も、簡単に理解できるものではありません。しかし、生物学の理論に沿って行動を調べるという、研究のベースとなるものはあります。ところが、ヒトにはそれがありません。ヒトにはお互いが考えていることを共有しながらつくり上げた世界——文化があります。文化の創造は、他の動物がやらないことです。その他にも、動物では見られない生態がヒトにはたくさん見られるのです。

人間とは何だろう？　40歳を過ぎていましたが、こうした疑問を解き明かすため、私はとうとうヒトの研究を始めることを決意しました。

まだ見ぬ「前人未踏」を探し求めて

早めに赤ちゃんを卒業するのに、なかなか大人にならない人間

チンパンジーは離乳してまもなく大人になる

最近まで私が携わっていたのが、ヒトの思春期についての研究です。野生動物を研究していた私が、なぜヒトの、それも思春期を研究のテーマにすることになったのか説明しましょう。

そもそも動物は、生まれてから死ぬまで、どのような一生を送るのでしょうか。

例えば、哺乳類《ほにゅうるい》の赤ちゃんはミルクを飲んで育ちます。その後、離乳。性成熟を果たして大人になり、今度は自分が子どもを産み、育て、やがて死んでいく。これがおおよその

一生の流れです。植物でも昆虫でも何でも、こうした生まれてから死ぬまでのスケジュールというものがあるわけです。

そうした一生の時間配分の中で、いつ頃に大人になり、どれくらいの子どもを産み、いつ死ぬかという全体のパターンを「生活史戦略（ライフヒストリーストラテジー）」といいます。なかにはものすごく早く大きくなって、あっというまに死んでいったり、たくさん子どもを生んで、でもほとんどが大人になる前に死んでしまったりと、いろいろなパターンがあります。

そうした中で、ヒトは大人になるのに、ゆっくり時間をかけていることがわかっています。また、一度に生まれる子どもの数は少なく、生まれた子どもは何十年も生き続けるという特徴があります。私は、そういったヒトの生活史戦略を研究しています。

ヒトは、赤ちゃんが離乳するまでの期間が近縁の類人猿にくらべてとても早く、哺乳瓶《ほにゅうびん》のない狩猟採集生活を送っている民族ですら、平均2・8年という研究結果があります。チンパンジーは離乳まで5年、オランウータンは8年もかかります。ところが、例えばチンパンジーは離乳してまもなく性成熟を果たして、大人になります。大体11歳ぐらいで子どもを産めるような体——つまり、成熟した大人の体になるのです。

ヒトの思春期は本当に長い

思春期は、よく「大人でもなければ子どもでもない時期」と言われることがあります。チンパンジーの場合、離乳してから少し経つと体が大きくなる一方で、大人のチンパンジーに砂をかけるなどのイタズラをする時期があります。これは、人間でいえば、思春期に見られる反抗期にあたるものです。

しかし、5歳で離乳して11歳で成熟した大人になるということは、「大人でもなければ子どもでもない時期」がわずかな期間しかないということになります。だいたい1年から2年といった長さだと考えられます。

不思議だと思いませんか? **他の動物とくらべてみると、人間は離乳が早い一方で、大人になる、思春期を終えるのが遅い。**一体なぜでしょう。

子どもを産めても大人ではない人間

ヒトの子どもは、おっぱいを飲まなくなってからすぐに大人になるわけではありません。ひとりでは、まだ何もできません。だいたい7歳から8歳になると、ひとりでできることが増えていきます。そして、12歳ぐらいからだんだんと体が大人へと近づいていきます。

この過程が性成熟で、性成熟の終わりが思春期の終わりです。

ヒトの場合は、15歳ぐらいまでにかけて、性成熟が始まります。

性成熟の始まりとは、わかりやすくいえば女性における生理や、男性における精子の生成の始まりです。もちろん、生理が始まったからといって、すぐに妊娠できる体になったとはいえません。一方、男性の精子も早くから生成できるようになりますが、受精可能な精子になるには時間がかかります。**つまり、これらは性成熟の始まりであって、完成ではないのです。**

開発途上国や昔の日本では、14歳や15歳で結婚する例がいくつも確認されています。でも、その年頃は、男女ともに子どもの生産能力が高いわけではありません。ヒトにとっての繁殖、つまり子どもをつくるピークは、20歳を過ぎてからだといわれています。

では、性成熟が完成し、本当にヒトが大人になるのは、安全に子どもを産めるようになる20歳過ぎのことをいうのかというと、そうともいい切れません。

急にムカッ！　大声や手が出るのは「子どもの証《あかし》」

生物学的に考えると、体が大きくなって成長が止まれば、そこが性成熟の終わり——つまり、大人になったと考えることもできます。そうなると、高校生ぐらいにもなれば、自分は立派なひとりの大人だと考える人がいても不思議ではありません。

でも、こういう想像をしてみてください。もし、みなさんのお父さんやお母さんなどがいなくなり、ひとりで生きていかなければならない環境に置かれたとしたら……。本当にちゃんと生きていけるでしょうか。そんな環境で子どもが生まれたとき、ひとりでちゃんと育てられると思いますか？　実は、ここがヒトの複雑なところでもあります。

脳科学の研究によれば、体の成長が止まることと、脳が完成することというのは別なのだそうです。いくら体が立派になったとしても、物事をきちんと考え、判断し、欲望をコントロールするという前頭葉《ぜんとうよう》の働きが必ずしも確立されたわけではないというのです。

悪いことだと思いながらも、規則を破ってしまったり、ムカッとして手が出てしまったり、大声を出してしまったりといった経験はありませんか？　こうした感情的な行動は控えようという感覚が十分に備わるのは、最近の研究によれば、実は25歳ぐらいだといわれています。

ですから、たとえ身長の伸びが頭打ちになったとしても、女の子が妊娠できたとしても、脳が大人になったとはいえないということです。あなたが、もしもお父さんやお母さんといった頼るべき存在のいない状態で子どもが生まれたとして、何とか生活していけるだけの稼ぎもあるし、子育てもできる、と思えるのは何歳ぐらいからでしょう。おそらく30歳前後になるのではないでしょうか。

ちなみに、身長の伸びが止まったからといって、肉体的に大人になったといい切れないのも、ヒトの不思議なところです。実は、筋肉がつくのはかなり遅いという研究結果があります。スポーツ選手の多くは20代ですが、30歳を過ぎても第一線で活躍する選手が少なくないのはご存じだと思います。つまり、筋力や持久力、瞬発力も含めて、本当に体が大人としてできあがるのは、身長が止まったときではなく、30歳過ぎぐらいなのではないか、と考えることもできます。

自分で冷静になれるのが「大人」

こうして見てみると、ヒトは、他の動物にくらべて離乳は早いけれど、大人としての体ができあがるのはものすごく遅いうえ、仕事がちゃんとできて、周囲の人たちとうまく折り合いをつけて生活していくという社会的な技術を習得するのにも、とても時間がかかる生き物なのです。

そこには、個人差も当然あると思いますが、不思議だと思いませんか？

そうしたことを考えているうちに、私は「いつヒトが大人になるのか？」ということに強い疑問を持つようになりました。そこで、思春期と呼ばれる時期に、ヒトの心や体に何が起こっているのかを調べる研究に携わるようになったのです。そのプロジェクトは、今も現在進行形で進んでいます。

300人の子どもを、25年かけて追う

10歳から35歳の間に、一体何が起きる？

私の携わる調査は、「東京ティーンコホート（TTC）」と名づけられたプロジェクトです。**このプロジェクトには、生物学や心理学、医学など、さまざまな分野の研究者が総勢で30名ぐらい参加しています。これは、それだけいろいろな角度から思春期をとらえてみようという試みなのです。**

調べる対象となっているのは、東京都内に住む家庭の中から選ばれた、約3000人の子どもたちです。プロジェクトの開始当時、10歳だった子どもをランダムに抽出して、大人になるまで追跡調査させてくださいとお願いしました。

この調査は、思春期にどのような体の変化が見られるのか、どんな勉強をして何を考え

＊東京ティーンコホート　http://ttcp.umin.jp

あらゆる角度から成長に迫る

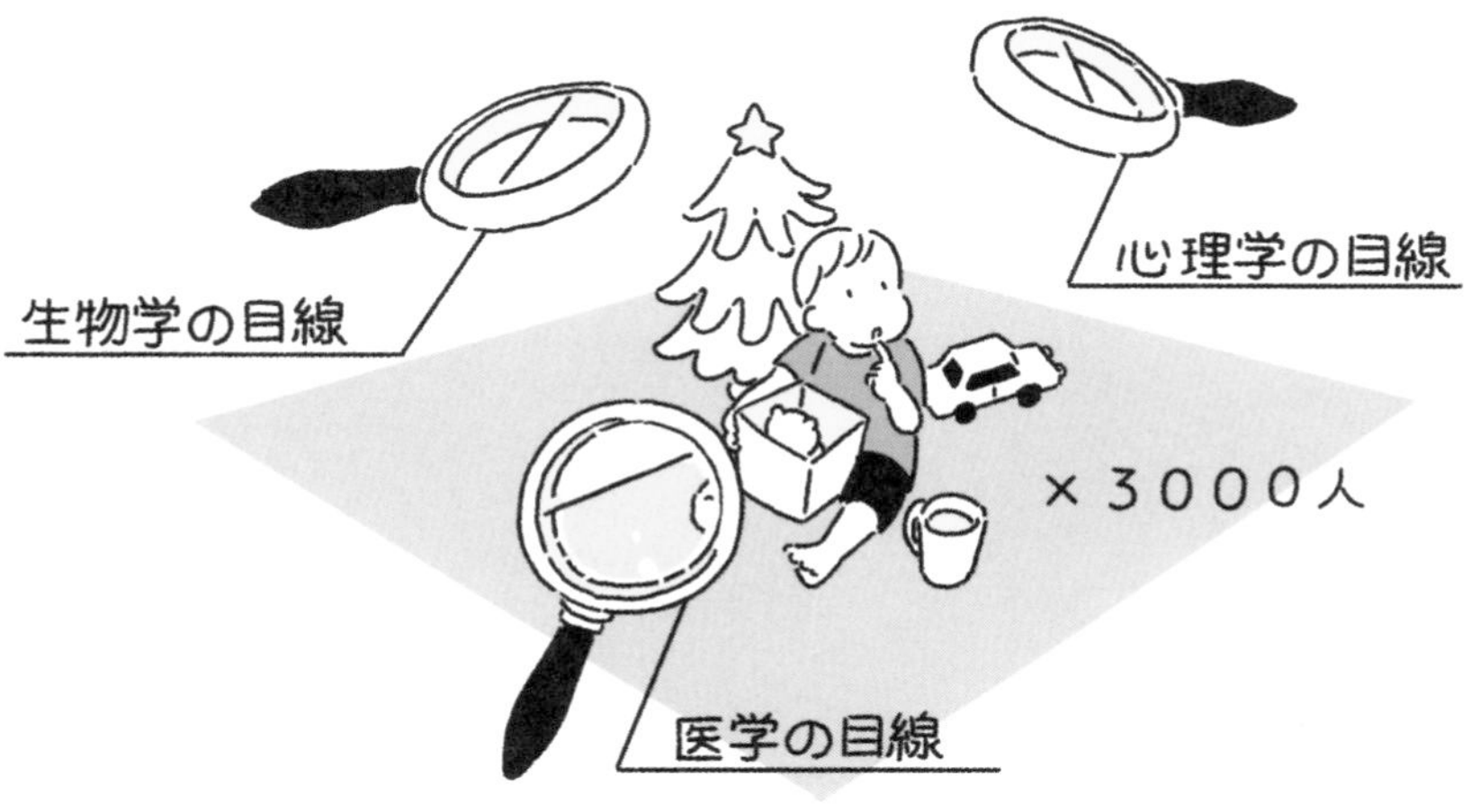

たのかなど、一般的に行われるような知能テストと同時にさまざまなタイプの心理テストを織り交ぜながら、回答の変化を追跡していくというものです。最終的に彼らが35歳になるまで続けられる予定です。**3000人の子どもを25年も追いかけるという途方もない調査ですが、人間の思春期という謎を解明するにはとても重要なことなのです。**

彼らには2年に1度、直接お会いして調査をしています。10歳から開始して2年ごとですから、12歳、14歳、16歳というように調べていきます。

今のところ、6年間の追跡を終えています。つまり、10歳から16歳までです。10歳から16歳といえば、体が大人になっていく過程であり、高校受験を経験したり、恋をしたり、新しい環境で新しい友だちと交流をしたりするなど、思春期ならではの肉体的・精神的な成長を感じる時期だと思います。その肉体的・精神的な変化を調べています。

唾液からも調べる「思春期」の変化

プロジェクトでは、単純に体の成長にどれだけの個体差があったのか、というのはもちろんのこと、精神的に安定してきたのか否か、将来について考えていることがどのように変化していくのか、そういったことが親の就業環境とどのように関連しているのかなど、さまざまな角度から徹底的に分析していきます。

調査手法にも、こだわりがあります。

基本的にアンケート調査が主体となりますが、回答者は必ずしも素直な気持ちを答えてくれるとは限りません。思春期の頃を思い返してもらえればわかると思いますが、恥ずかしかったり、あるいは格好をつけたいという気持ちがあったりして、思わず嘘の回答をしてしまったことは、誰もが経験のあることだと思います。しかし、せっかく調査を行っても、回答結果がそうしたものばかりでは、正しい分析結果にはつながりません。

そこで、インタビューは、世論調査を行うようなプロの調査会社に依頼しています。彼らは特に、この思春期調査のための特別な訓練を積んだ方々です。思春期にある子どもたちに対して、1時間以内にすべてのデータを回収するという訓練に合格した人のみが参加しています。

また、作成するアンケートにもプロの手が入っています。思わず嘘の回答をしてしまっても、例えば、同じ項目を聞いていても、違うフレーズを織り交ぜたものをちりばめておくことで、分析にかければ自然と本音が浮き彫りになるようになっているのです。

限りなく正しい、本物の分析結果をえるためにやるべきことは、他にも数え切れないほどあります。唾液を採取してホルモン状態を調べるのもそのひとつです。ホルモン状態を調べるのは、生殖性のホルモンが急激に上がるのがいつ頃なのかを調べるために必要なことです。

さらに、これは調査に同意してくれた人たちに限りますが、脳画像も撮影しています。3000人全員ではありませんが、600人ぐらいが協力してくれています。

このように、動物の野生状態を観察することと、ヒトの本当の姿に迫ることでは、まったく違うアプローチが要求されます。そのために、あらゆる手段を尽くさねばなりません。それが動物と違うところであり、研究対象としておもしろいところなのです。

25年のおつきあい、誕生日もお祝いします

調査は、対象となる子どもたちのみに行われているわけではありません。実は、ご両親にも協力してもらっています。

お母さんからはお子さんを産んだときの母子手帳の記録をお預かりしていますし、親から見た子どもたちの変化もインタビューしています。思春期になると、顔や髪形といった自分に対する関心が深まるものです。鏡を見て髪形を直している姿を親に見られるのが恥ずかしいと感じて隠したりする人もいると思います。親御さんの目から見た、そうした変化もしっかりキャッチしていこうとしているのです。思春期にまつわる質問は繊細な部分も多く、「答えたくなければ答えなくても大丈夫です」と伝えているのですが、多くの人が強い関心を持って答えてくれます。

ただし、動物より言葉の通じるヒトのほうが調査しやすいとは限りません。25年という長期にわたる調査になるので、引っ越しをしてしまう家庭もありますし、途中でドロップアウトしてしまう子どもだって出てくることも予想されます。正確な分析結果を求めるために、こうした事態を少しでも減らさなければなりません。**そのため、毎年子どもの誕生**

人生は長い、研究期間も長い

日にはバースデーカードを送ったり、クリスマスにはクリスマスカードを送ったりといった、地道な努力もしています。動物相手の調査では考えられないことです。

35歳まで追跡調査したものを、微《び》に入《い》り細《さい》にわたって分析すれば、いろいろなことがわかってくると思います。そのうちのひとつに、「統合失調症《とうごうしっちょうしょう》」という精神的な病気との関連性があげられます。

このプロジェクトには、精神科の医師にも加わってもらっています。なぜかというと、精神的に課題のある子どもというのは、思春期にその最初の兆候が現れることがわかっているからです。主に見られるのは幻聴《げんちょう》ですが、このプロジェクトで採取された膨大なデータをたどっていけば、いつ、何がきっかけで、発症するようになったのか――それを探れるようになるかもしれません。こうした調査・研究も、このプロジェクトの目的のひとつなのです。データを取るには一人ひとりの名前がわかるようになっていますが、分析はすべて匿名《とくめい》で行うので、個人が特定されることはありません。

ある年に生まれた子どもを何年間かにわたって追跡調査する、という研究はそれほどめずらしいものではありません。イギリスやニュージーランドなどでは、いくつもそうしたプロジェクトがあります。**でも、私たちが行っているような、そもそも大人になるとはどういうことか、心理学や生物学、医学など、総合的な研究を交えた追跡調査というのは、全世界を見渡してみても、どこも行っていません。**それほど、特異な研究であり、世界的にも意義のある調査だといえるでしょう。

この研究は、イギリスの研究機関と共同で行っています。日本とイギリスの子どもたちの調査結果をくらべることで、文化の違いがどれほどの影響を与えているのかを調べるためです。そのために、質問事項をそろえるなどの調整を行いながら進めています。

しかし、今の時点では、16歳までしか調べられていません。まだ思春期の過程にあるわけですから、日本とイギリスとの間に具体的にどのような差異が認められるのか、という分析には至っていないのです。あと何年かしないと、結果は見えてこないでしょう。

スマホを置いて、「本物」を見にいこう

次の謎は「スマホと生きる子どもたち」

時代が変われば、人間を取り巻く環境も変化していきます。一方で、どんなに時代が変化したとしても、怒りや悲しみ、喜びといった感情が変わるわけではありません。みなさんのお父さんやお母さん、お兄さんやお姉さんも、みなさんと同じようなことで悩み、苦しみ、喜んだり、悲しんだりしてきました。

しかし、現代を象徴する文化であるスマートフォンやSNSといったデジタル環境が、子どもたちにどういう変化をもたらすかは、科学的にはわかっていません。**デジタル機器によってできることや知ることのできる範囲というのは、この数年で急速に広がりを見せており、研究が追いついていないのです。**

怒ったとき、昔は直接相手と話すとか殴るとか、あるいは、友だちにこそこそとうわさ話や悪口をいうぐらいしか方法はなかったかもしれません。誰かをいじめてやろうとしても、範囲はそこまでしかありませんでした。

でも、今は動画を撮影してネット上に流したり、SNSに匿名《とくめい》で悪口を書き込んだりすることができます。そうすると、これまでは仲間内だけに留まっていたいじめの範囲が、彼らの暮らす生活圏を大きく飛び越えて、世界中に広がっていきます。それは、スマホやアプリケーションのなかった時代を生きてきた私たちの想像の枠を超えて、予測不可能な事態を引き起こしています。こうした環境の変化は、子どもたちにどのような影響を及ぼすのでしょうか。私たちに与えられた大きな課題です。

調査をしていると、多くの場合、12歳ぐらいでスマホを持つようになっています。**倫理観がつくられる年齢になる前に――もっといえば、心も体も、脳機能も大人になる前に、あらゆる世界とつながるツールを手にしてしまうのです。**私たちのように、大人になってから使い出すのとは違い、現代の子どもたちは使いながらこうした機器とのつきあい方を学んでいかなければなりません。情報機器に囲まれた思春期の脳が、現実社会とどのように向き合っていくのかも、私たちは知りたいと思っています。

ハングリーさが減るのは、ある意味しょうがない

私たちが若かった頃は、世の中がおしなべてみんな貧乏でした。その代わりに、今日よりも明日はきっといい日になるという希望がありました。当時は、まだ知らない、見ていない世界がそこら中に広がっていました。**かつて私が前人未踏の地に足を踏み入れたいと願ったのも、私にとって未知の場所が無限に広がっていたからで、とにかくそこへ行ってみたいというハングリーな精神があったからでした。**

しかし、近年の若手の研究者の境遇には、非常に厳しいものがあります。ここ10年ぐらいの傾向ですが、研究をめぐる情勢が大きく変わりつつあるのです。彼らは3年や5年の契約期間のうちに論文を作成し、成果を出さなければ次のポジションが与えられないという環境にいます。ですから、その短い期間が彼らにとって、とても重要になります。たとえハングリー精神を持っていたとしても、そんな貴重な時間を使って、何が結果となって現れるかわからない、海千山千の研究に携わるのはリスクに他なりません。そのような研究に手を出そうとしなくなるのは、当然のことといえるでしょう。

私のまわりにも、こんな話がありました。小笠原《おがさわら》諸島で3か月にわたる研究を提案した

リスクのある研究がやりにくい時代に

ときのことです。そこは、週に1便しか船の出ないような場所で、コンビニやWi《ワイ》-Fi《ファイ》スポットがどこにでもあるわけではありません。この研究に積極的に参加しようという若手の研究者は、ほとんどいませんでした。お菓子も食べられない、スマホを見ることもできない環境に3か月間も置かれるという状況には耐えられないというのです。

基本的な衣食住の満たされた人たちにとって、このような環境は考えられないものであるばかりか、それによってどれほどの論文ができあがるかの保証もない。成果の保証がなければ、そこに賭けてみよう、やってみようという気持ちが薄くなってしまうのは致し方のないことといえるでしょう。

彼らを取り巻く環境が変わってしまったの

は、研究をめぐる社会情勢が激変していて、つまりは研究にかける予算が年々減らされているためです。資金さえあれば、彼らを3年や5年といわず、ずっと雇うことができます。しかし、年々予算が減らされている厳しい現状では、短い期間でわかりやすい結果を出すことが求められるのです。ですから、彼らの判断を間違っていると批判することはできません。私たちの若い頃とは、根本的に環境が違っているのです。

〝電池切れしないカブトムシ〟を見て

もうひとつ、大きく変わっているのは、子どもたちをめぐる環境です。

すでにお話ししたように、私は幼い頃に、とてもきれいな海や川、山に囲まれて、その自然に親しんできました。しかし、今は自然に近づけさせないことが、子どもたちに対する配慮という風潮があります。

「よい子は川に入ってはいけません」という看板を見たことはありませんか？　あるいは、消波ブロックに囲まれて入れないようになっている海辺もめずらしくはありません。**危ないから入ってはいけないという場所が、この社会にはずいぶんと増えてしまいました。**そうした環境に育った子どもたちは、どう成長していくのでしょう。

今から30年ぐらい前に、死んで動かなくなったカブトムシを見て、「電池が切れたと思った」と言う子どもがいたという冗談のような本当の話がありました。最近では、東京から地方に遊びにきた子どもが、舗装《ほそう》された道以外の、野原となっているような場所に入りたがらないという話も聞きます。入ったことがないから、怖くて足が向かないのです。

私は、人間を含む動物の行動と生態を野生状態で研究するということを続けてきました。そのきっかけは、自然が好きになったからであり、そこに生息する生き物たちに惹《ひ》かれたからです。もっと掘り下げていえば、本物の野生を間近に見たからこそ、それらの本当の魅力を知ることができたのです。そういう立場からすると、今、あるがままの自然を子どもたちが避ける風潮にあることに危機感を覚えます。

ですから、私からのメッセージとしては「本物を見る」ことをしてほしい、ということに尽きます。たしかに、今はインターネットで何でも見られます。見たことのない動物も、行ったことのない景色も、はたまた宇宙の姿だって、てのひらの上の小さな画面で見ることができます。わざわざ自然の中に出かけなくても、リアルな映像をスマホで目にすることがより簡単にできるようにもなっていくでしょう。

でも、残念ながら本物は画面で見るものとは違います。**見た目が同じであっても、本物には匂いがします。その場所には風が吹いています。触ればぼろぼろと崩れてしまうものもあります。視覚だけではえられないものが山ほどあるのです。**二次的に加工された何かで情報をえるのではなく、本物を自分で見るということを絶対にしてほしいと思います。

本物を見ると、なぜこうなっているのだろうという疑問が浮かんできます。触ってみたり、匂いを嗅いだりすることでまた、不思議だなという実感がえられて、それが自分で調べたいという衝動につながっていきます。自分の胸にわき起こった不思議を解明するために、自分で答えを探し求めようとするようになるのです。

科学者は、そうした自分の五感でえられた経験にもとづいて世界を知ろうとします。そうしなければ、本当に新しいことというのは見つからないのです。

ぜひ、みなさんも本物を見に出かけてみてください。動物でも、植物でも、友だちでも、まちでも、とにかく本物を見る——そこで感じる雰囲気は、どれだけスマホやタブレットが高性能になったとしてもえられるものではありません。

それらはきっと、あなたの五感を刺激して、新しい世界へと導いてくれるでしょう。そして、一生をかけて解き明かしたいと思う謎に出合えるかもしれません。

POINT

- 子どもの頃に見知った美しい自然との触れ合い、「もっと知りたい」と思うことの連続が研究の原点だった。
- さまざまな動物を調べているうちに、ヒトは他の動物と決定的に異なっていることに気づいた。
- ヒトは、子どもでも大人でもない時期が長いことに疑問を持ち、「思春期」の研究をしている。
- 3000人もの子どもたちと25年もの長きにわたって関わり続ける壮大なプロジェクトをスタートさせた。

どれだけスマホの性能がよくなっても
えられない体験がきっとある――。
画面の向こうにある「本物」を
見にいってください。

もっと究めるための3冊

世界は美しくて不思議に満ちている

著／長谷川眞理子　青土社

人間の進化の過程を解説しながら、
情報にあふれ、エネルギー消費が
増え続ける人間社会の行く末を考えます。

人間の由来(上・下)

著／チャールズ・ダーウィン　訳／長谷川眞理子　講談社

「進化論」で有名なダーウィンの代表作。
他の生物の進化の過程を取り上げながら、
人間の由来と進化の謎に迫ります。

セレンゲティ・ルール

著／ショーン・B.キャロル　訳／高橋洋　紀伊國屋書店

体の中の分子や細胞の数や働きが
どう制御されているのかから、
動物の個体群や生態系が
どう制御されているのかまで、
巨視的に見た生物学の本です。

3 物語に描かれている「人間」とは？

廣野由美子先生

1958年大阪府生まれ。京都大学文学部独文科卒業。英文学に転向後、神戸大学大学院博士課程、学術博士。山口大学教育学部助教授などを経て、現在は京都大学大学院人間・環境学研究科教授。専門は英文学・イギリス小説。

ただ読むだけではもったいない、「物語」とのつきあい方

あなたは、何のために本を読んでいますか？　新しい知識をえるためでしょうか。成功者になるための処世術を身につけるためでしょうか。

「物語は、学業成績をよくしたり出世したりするために読むものではありません。物語には、『人間とは何か？』が描かれているのです」

こう語るのは、緻密な分析で物語に描かれる人間の真実を見つける、イギリス文学研究の第一人者・廣野由美子《ひろのゆみこ》先生です。先生はもともと大の本好きで、特に外国小説が好きだったそうです。小学生の頃、「少年少女世界名作全集」をあっという間に読破するほどでした。

廣野《ひろの》先生は、大学でドイツ文学を専攻します。ところが、大学卒業時になって

も「文学研究とは結局何なのか、よくわからなかった」のだそうです。

その後、イギリス文学の傑作、ジェイン・オースティンの『高慢と偏見』との出合いを経て、先生はこんなことに気づきます。

「日常を描いた物語の、ごく平凡でささいなできごとの中にも『人間の本当の姿』が描かれている――」

イギリス文学には、登場人物の生死をわけるような激しい展開ばかりではなく、数軒の家族のやりとりの中で物語が展開していくような狭い世界を舞台にした物語もありました。しかし、そうした平凡な描写の中に、鋭く人間が描かれている。物語には、「人間とは何か？」という壮大な問いを、身近な場面の中に置き換えて考えさせる力があるのではないか――そう先生は考えたのです。

そのことを多くの人に伝えるには、一読者としてではなく、研究対象として作品と向き合う必要がありました。


これは、子どもの頃から物語が大好きだった少女が、物語を楽しむという枠を超えて、物語から見つけだした「人間の真実」と、「物語が人間に与えてくれる力」を世の中に伝えるため、研究者になったお話です。

前向きな少女アンたちとの出会い

「少女物語」に自分を重ねた少女

私は、子どもの頃から本を読むことと、文章を書くことが好きでした。家にある本はかたっぱしから読み、図書館に行けば並んでいる本の背表紙を眺めて次に借りる本を選ぶことにワクワクし、おこづかいのほとんどは本屋で費やすような子どもでした。

特に心を奪われたのは、外国文学です。家にあった「少年少女世界名作全集」という50巻ほどの全集も、私は小学生の間にすべて読んでしまいました。

『ロビンソン・クルーソー』や『トム・ソーヤの冒険』、『巌窟王《がんくつおう》』、『若きウェルテルの悩み』、『若草物語』、『赤毛のアン』シリーズなど、夢中になって読んだ作品の名前をあげればきりがありません。

「ザ・文学少女」だった幼少期

なぜ私がそんなに本を読む子どもになったのか、はっきりとしたきっかけは思い当たりません。何か特別な教育を受けたわけでもありませんし、親に「読みなさい」とすすめられた記憶もありません。

そこにたまたま本があったからそれを手に取り、読んでみたらたちまち引き込まれ、楽しくてたまらなかった。そこから、本というものの魅力に夢中になっていったのだと思います。

私には6歳上の姉がいて、家には姉が買ってもらった本がたくさんありました。当の姉は本はあまり読まなかったようですが、妹の私がそれらの本を読むようになり、のめり込んだというわけです。これは幸運なことだったと思っています。

外国文学の中でも、とりわけ少女が不幸な運命や恵まれない境遇に負けず強く前向きに生きていくという「少女物語」のストーリーが好きでした。

少女アンが自分の道を切り開いていくモンゴメリーの『赤毛のアン』シリーズ、貧しくても明るく仲よく暮らす四人姉妹を描いたオルコットの『若草物語』、召使いとして蔑《さげす》まれる境遇になってしまっても、気高さとやさしさを失わずに生きる少女セーラを描いたバーネットの『小公女』。どの物語でも、主人公の少女のりんとした強さや、勇気のある行動力に感動しました。

今ふり返っても、本を読むことが子ども時代の私の心の支えになっていたと思います。

悩んだときは、本の世界へ

あなたは子どもの頃、どんな悩みや苦しみがありましたか？　悩みなんて何もなかったという人は、きっと少ないはずです。

子どもの頃というのは、さまざまなことを大人より強く感じているものだと思います。

大人になってふり返ってみれば何のことはない、ささいなつまずきやこだわりさえ、子どものときの自分にとっては大きな人生の悩みに感じていたりしますよね。

私もそうでした。**家族との関係、将来のこと、「自分は何をして、どのように生きていったらいいのだろう」と、悩むことがたくさんありました。**といっても、特に不幸な環境にいたわけではありません。ただ、姉はピアノを習っていて音楽の世界への道が開かれていたのに、私は習うことをあきらめなければならなかったり、何かとがまんさせられたりすることを、辛く感じていました。

昔の家庭では、そういうきょうだい間の序列はめずらしいことではなく、今思えば、しかたのないことだったとも思います。けれども、子どもの頃の私にとっては、それが悲しい運命のように感じられたこともありました。そんなふうに気持ちがふさいでいるとき、私の心を救ってくれたのが本でした。

子どものときの、好きな本を読みふけっていた頃のことは、思い出すととても幸福な記憶です。

私が大好きだった本の中に描かれていたのは、遠い外国の人々の物語でした。場所が遠い、というだけではありません。冒険や友情や恋愛、戦争や貧困、宗教や差別。時代も境遇も年齢も違う主人公たち。私の経験したことのないありとあらゆる人間の営みがそこにはありましたが、現実よりもいっそうリアルに、さまざまなことを心に語りかけてきました。本の中で自分の見知らぬ世界を旅することは、この上なくドキドキワクワクする喜びだったのです。

物語の主人公たちは、私の悩みなどよりもずっと大きな悲劇の中にいながら、ひたむきに生きていました。そんな物語の世界に没頭すると、「私もがんばらなければ！」と力がわいてくる気がしたのです。

物語に描かれている人々の姿に、私は大きな力をもらい、多くのことを学びました。本は、自分の知らない大きな世界を教えてくれるもの、子どもだった私の小さな世界を広げてくれるものでした。**子どもであった私が、誰の力も借りず自分の力で自由に手に入れることのできる、一番大きな「世界」そのものだったのです。**

読書三昧《ざんまい》から文学研究の道へ

小学校・中学校では時間を見つけては本をむさぼり読んできた私ですが、高校生になり勉強が忙しくなると、さすがにそれまで通りの読書生活を送ることはできなくなってきました。けれどもその分、読みたいのに読めないというジリジリした気持ちが常にあって、ことに試験期間などになると、どうしても読みたくなってしまいます。

試験前になるとテレビを見たくなるとか、どこかへ遊びに出かけたくなるといったような経験はありませんか？　私の場合はそれが本を読みたくてたまらないという気持ちだったわけです。

大学受験を乗り越えて京都大学に入学してからは、文学以外でも、授業との関連で興味を持った本なども、どんどん読むようになりました。

大学では、もちろん好きな外国文学を勉強したいと思っていました。しかし、外国文学をひとくくりで学べるわけではありません。どこの国の文学を専門に研究するのか、「専攻」を決めなくてはいけないのです。これにはかなり迷いました。

いろいろと考える中で、子どものときから好きだった作品『若きウェルテルの悩み』を思い出しました。苦しい片思いに悩む若者を描いたその作者は、ドイツの文豪ゲーテ。

では、ドイツ文学を専攻しよう！

迷った挙句の決断でした。**しかし、結果的にこの決断のせいで、私の研究は遠回りをすることになったのでした……。**

おもしろい！　感動した！ではなぜダメ？

趣味の読書と作品研究の大きな違い

大学ではドイツ文学を専攻し、卒業論文の題材にも、以前から好きだった『若きウェルテルの悩み』を選びました。

しかし、当時の私は、自分の研究にどのように取り組んだらいいのかよくわからないまま卒業論文を書き、漠然と大学を卒業してしまったのです。**正直なところ、「文学研究とは何をすることなのか？」が最後までつかめませんでした。**

初めて学んだドイツ語で苦労をしたというのも原因のひとつです。

大学での外国文学研究は、基本的にその作品が書かれた言語そのままの原文で作品を読み解いていきます。大学に入って初めてドイツ語を学んだ私は、辞書を片手に一語ずつ意味を調べながら原文を読んでいきました。わずか1ページ読み進むにも大変な時間と労力がかかります。

でも、しっくりこなかった原因はそれだけではありません。私はこのとき、大きなミスを犯していたのです。それは、作品を研究するということを、趣味としての読書の延長で考えてしまっていたことでした。

趣味として本を読むとき、いい作品に出合うととても感動しますよね。**もちろんそれはそれでとても大切なのですが、作品を研究するとは、もっと深くその作品を知り、深く味わうために作品を客観的に分析することなのです。**作品を読んで感動し、それを言葉で表現しただけでは、文学を研究したことにはなりません。

私は子どもの頃から時々、読書の感想をノートに書く習慣がありました。みなさんも学校の宿題などで読書感想文を書いたことがありますよね。この読書感想文と論文は違います。

作品を読んで感じたことや印象を表現するのが感想文です。一方、論文はその作品の価値を他の人にもわかるように証明するために書くものなのです。その作品がいかに優れているか、どれだけ価値があるのかを客観的に、他の人にもわかるように説明しようと思う

理由をあげてよさを伝える“分析”が大事

分析
この本は史実に基づいており
描写が非常に豊かで…
…により非常に優れています
そうなんだ
なるほど〜
理由1
理由2
感想
これは本当にすごい本なんだ!
とにかくおもしろい!
ふーん

と、「自分がどう感動したか」という主観的な主張は、むしろ邪魔になります。それはあくまでも個人的な感想であって、分析ではないからです。それが誰もが認める傑作だと納得してもらうには、個人的な好みを主観的に伝えてもあまり説得力がないのです。

もちろん、自分がその作品に感動しているからこそ、その価値を世の中に知らせたい、証明したいと思うわけなので、感動することは大切です。**ただ、その自分の感動を押し付けるだけでは、研究者の仕事にはならないのです。**

論文として作品の価値を証明するには、その表現技法の巧みさや、構成の精密さ、その時代の思想的な背景など、客観的な要素を分析して、論理的に説明しなければいけません。

私が、こうした読書感想文と論文の違いをはっきりと認識できるようになったのは、神戸大学大学院で宮崎芳三《みやざきよしぞう》先生の研究室に入ってからです。私は京都大学を卒業したあと、このとき初めて、研究論文に向き合うための基本的な「論文を書く態度」を叩きこまれました。自分の感動にひたる趣味の読書と、自分を消し、作品そのものの客観的な価値を立証する研究。趣味の延長のような気持ちで研究対象の作品と向き合っていたのでは、何のために研究しているのかという目的がわからなかったのは当然だったのです。

イギリスとアメリカでは「人間の描き方」が違う？

宮崎《みやざき》先生の研究室に入って、ようやく私は、本当に研究したい文学が何であるかがわかりました。

子どもの頃、翻訳版を読んで楽しんでいたときには気づかなかったことなのですが、それぞれの言語で書かれた原文に触れているうちに、各国の文学にはそれぞれ特色があることに気づくようになりました。**辞書を引きながら慣れない言語と格闘しつつ作品に立ち向かっていると、各国の作品の特色が見えてくるのです。**

同じ英語で書かれていても、アメリカ文学とイギリス文学ではまったく違います。同じく人間を描いているといっても、アメリカ文学なら、例えば巨大なクジラと戦う人間の姿を描いたハーマン・メルヴィルの『白鯨《はくげい》』のように、極限状態に置かれた人間のあり方からその本質を描こうとするという特色が目立ちます。それに対してイギリス文学では、ジェイン・オースティンの『高慢と偏見』に代表されるように、ごく平凡な日常生活の中での人間関係からその姿を描くことに重点が置かれたものが数多くあります。

私が大学で専攻したドイツ文学は、詩を重んじる傾向があって、小説にも哲学的な性質が多分にありました。改めて研究対象という目で見たとき、ようやく、私が研究したい文学はドイツ文学ではないと気づいたのです。

私の研究したい文学は、もっと「小説らしい小説」だと思いました。

「小説らしい小説」とは何か――それは現実的な人間の営みを克明に描くことを通して、「人間とは何か？」をえぐり出すような物語です。先ほどもあげた『高慢と偏見』というイギリス小説に出合ったとき、まさに「これだ！」と感じたのです。

『高慢と偏見』は19世紀初頭を舞台に描かれたイギリス文学の代表的な作品のひとつで、田舎の村に暮らす数軒の家族という、ごく小さな人間社会の日常を描いた物語です。限られた人間関係の中でのできごとや、人々の心理の変化が、丁寧に描かれています。このよ

場所が変われば、文学も変わる

3　物語に描かれている「人間」とは？

うな小説が文学作品として高く評価されているイギリス文学こそ、自分の研究したい分野だと気づいたのです。

イギリス文学に惹《ひ》かれた理由は、たぶん、私自身が「人間の弱点はごく身近なところにひそんでいる」と感じているからだと思います。私はもともと、ファンタジックで荒唐無《こうとうむ》稽《けい》な物語より、現実的で実際にありそうな人間ドラマを深く描いた作品が好きでした。**極限状態でこそ暴かれる人間性もあるとは思いますが、それよりも毎日会う人、すぐ隣にいる人が普通の生活でどんなことを言い、どんな行動をしているか、ということに実はとても怖い問題がひそんでいたりする。私はそう思うのです。**

そういった人間の性格や本性を生き生きと描くことにかけては、やはりイギリス文学が突出していると思います。人間を深く描くこと、それこそが文学の、文学にしかできない仕事だと私は思うのです。そこで私は、19世紀イギリスの7人の作家の小説の技法について博士論文を書くことに決めました。

ドイツ文学を学ばなければ、国ごとの文学の特色に気づくことはなかったと思いますし、ドイツ文学を研究したからこそ、自分の選ぶべきはイギリス文学だと気づけたのです。一見遠回りにはなったけれども、自分に合う、自分が本当に研究したい文学に出合うために、ドイツ文学を学んだことはむしろプラスになったと今は感じています。

「私」が誰かによって、見える世界が変わる

小説の「語り手」は大事な手がかり

文学研究とは具体的に何をするのか――まずは原文との格闘です。

私はもう長らくイギリス文学を研究しているので、英語に向き合ってきた経験は長いのですが、今でも原文の読み込みにはたくさんの時間と労力がかかります。知っているはずの言葉でも、「この作品の、この部分で使われているのは、どんな意味なのか」を深く考え、より正確なニュアンスをつかみ取るために辞書を何度も引き直します。大変な作業ですが、しかし、そうやってじっくり作品と向き合うことが研究には不可欠なのです。

私の場合は必ず、「語り手」にも注目します。**小説には必ず、読者に向かって物語を述べる語り手がいて、語り手の視点から世界の様子が描かれていきます。**

語り手にはいろいろな種類がありますが、「一人称の語り手」と「三人称の語り手」とにわけられます。三人称の語り手は、神のようにすべてを知っている存在です。『高慢と偏見』はこの三人称のかたちで書かれています。

ここでは「一人称の語り手」に注目してみましょう。

一人称とは、「私・僕」など、自分のことを呼ぶときに使う呼称ですね。つまり物語の中にいる登場人物のひとりが、「私」という一人称を使って、見たもの・感じたことを語ることによって物語が展開するのが一人称小説です。「私は彼に会った」や「私はそのときこう思った」のように、語り手自身が経験したこと・知ったことを読者に語る、というスタイルの小説です。ダニエル・デフォーの『ロビンソン・クルーソー』やシャーロット・ブロンテの『ジェイン・エア』をはじめ、一人称で語られる作品はたくさんあります。

一人称小説のおもしろいところは、この語り手の特徴を分析することでたくさんのことがわかることです。

一人称の語り手は必ずしも作品全体を通してひとりではなく、章や場面によって違う人物が語り手になる構成の作品もあります。**ここで大切なのは、一人称の語り手は「私」という人物ひとりの「見える・知る範囲のこと」しか語れないということです。**

物語世界の中では、「私」がいないところや見ていないところでも時間は進み、さまざまなできごとが起こりますし、そもそも「私」は自分以外の登場人物の心の中を知ることはできません。「私」は当然、（三人称小説の全知の語り手とは違って）物語世界の中で起こっていることすべてを知ることはできないのです。

しかも、この「私」は嘘をつくこともあります。語り手であるその人物ならではの考え方のくせや思い込みもあれば、価値観の偏《かたよ》りもあります。**つまり、「私」が感じたり思ったりしたことが、別の角度から見たときに真実であるとは限らないということなのです。**

一人称小説を読むということは、自分ではない、語り手の「私」の目を通して世界を見ている、ということにもなります。

語り手が語る世界の外側にも物語の世界が広がっている、ということを前提にして一人称の小説を読むと、さらに深く物語を読み込めると思いませんか？

『フランケンシュタイン』の3人の語り手

例えば19世紀初めにイギリスで書かれた『フランケンシュタイン』は、題名こそあまりにも有名ですが、あなたが知っているのは、正しい小説の姿ではないかもしれません。

同じストーリーでも語り手が変わると……

映画化された作品がとても有名で、フランケンシュタインの名前は今でもアニメやマンガにも登場します。しかし映像のイメージばかりが先行し、原作はあまり読まれていない作品なのです。

これがわずか19才の女性メアリ・シェリーが書いた作品だと知っている人はどれだけいるでしょうか。あるいは「フランケンシュタイン」が怪物の名だと勘違いして、怪物を生み出した科学者の名前だということを知らない人さえ意外と多いのではないでしょうか。

実はこの『フランケンシュタイン』という作品は、ストーリーの独自性だけでなく構成の面でも完成度が高く、研究すべき点がたくさんある小説です。

この作品には、主な語り手が3人登場しま

す。その3人がそれぞれ一人称で語ります。つまり読者は3人の人物の、それぞれ異なる視点から同一の世界を体験することになるのです。

最初に出てくる語り手は、ウォルトンという青年です。彼は姉へ宛てた手紙というかたちで、北極探検へ向かう道中に出会った人物である科学者フランケンシュタインから聞いた奇妙な話について語ります。

ウォルトンにとっては、物語の本筋であるさまざまな悲劇的なできごとの大部分は、フランケンシュタインから聞いた話であって、彼自身の目で見たことではありません。当然ながらウォルトンの話だけでは、物語世界で起きたことすべてを知ることはできません。

ふたり目の語り手は、科学者フランケンシュタイン――恐ろしい怪物をこの世に生み出した張本人です。フランケンシュタインは、自分自身が生み出してしまった恐ろしい怪物とその残酷な所業について、被害者としての憎しみを込めて一部始終を語ります。物語の始まりからすべてを見てきたかのように見えるフランケンシュタインですが、それでも彼の話だけでは事件の全貌《ぜんぼう》を知ることはできません。

3人目は、怪物自身です。フランケンシュタインと再会した怪物は、自分がこの世に生み出され捨てられてから今までのことを、怪物本人しか知りえなかった感情やできごとを通して語ります。**3人目の語り手が現れて初めて、読者は恐ろしい事件のすべてを知り、**

怪物や登場人物たちの身に起こった悲劇が何だったのか、全貌《ぜんぼう》を知ることになるのです。

語り手の3人には、それぞれのものの見方の歪《ゆが》みや、価値観の偏《かたよ》りもあります。語り手に着目してその性格や考え方をつかむことで、物語のより深い部分に触れることができます。し、語り手によって何がどう語られたかを分析することで、それが作品にどのような効果を生み出しているのかを、客観的に説明することもできます。

例えば、ウォルトンという青年は、うぬぼれの強い大げさな口調のわりに逆境に弱いふるまいから、熱しやすく情熱的な反面、精神的にまだ未熟でもろい性格の人物であることが読み取れます。つまり、必ずしも正しい判断力を持った人物ではないので、その分を差し引いて、ウォルトンの語りに耳を傾ける必要がある、といえるのです。

語り手に注目すると、物語を深く理解するためのさまざまな手がかりがえられますが、分析の方法はそれだけではありません。

できごとがどういう順序で語られているか、つまり「プロット」がどんな構成になっているかという問題や、登場人物たちがどのようにデザインされているかなどを分析することもあります。

作家の伝記資料や手紙、日記などを調査することもありますし、作家の生きた時代背景

物語はどこまでも深読みできる！

などを踏まえて、社会へのどういったメッセージが込められているかを探る場合もあります。例えば「階級意識」という観点から見るとどう読めるかとか、「女性の権利」という観点から見るとどういう意味があるか、というようにです。

物語には、もともとそれだけたくさんのものが詰まっているのです。**特に、優れた古典作品は、どこまで深読みしても、まだまだ読める、どこまでも読める、というものばかりです。**

そうした古典作品を読むことは、あとでも述べるように、私たちに人間としての力を与えてくれます。だから私は、特に若い人たちにすばらしい作品に出合ってほしいと願っているのです。

あなた以外の目で、世界を眺めてみよう

"人類の宝"を再発見してほしい

「人間とは何か?」を深く描く物語には、現実を生きる人間を救う力があります。だからこそ、世の中の多くの人々が文学作品に触れ、読み続けることができるようにすることが、私たち文学研究者の仕事の土台にあると思っています。**たんに作品を紹介するのではなく、いつの時代も古典と呼ばれる名作に目を向けてもらう努力をすることが使命だと思っています。**

例えば翻訳もその手段のひとつです。『ミドルマーチ』という作品名を聞いたことがある人はいるでしょうか。残念ながら、あまりいないのではないかと思います。

19世紀の女性作家ジョージ・エリオットによって書かれた『ミドルマーチ』という作品

は、イギリス文学史上最も偉大な小説のひとつとされていますが、原文の英語は複雑で難解です。かつて日本語訳が出版されたことがありますが、名訳とはいえ、少し古めかしくとっつきにくいことは否めません。

偉大な作品なのに、翻訳が絶版で入手しにくいために、一般の人にほとんど読まれなくなってしまっているという残念な例です。今、私はこの作品を新たに翻訳することで（全4巻本順次刊行中）、多くの人に読んでもらおうと努力しています。

現代は、「〇〇賞」を取ったとか、映画化されて話題というような作品ばかりが注目を浴びてよく読まれ、古典文学からは人が遠ざかりがちなのが現実です。人類の宝のような作品も、誰の目にも触れなくなってしまえば、いつか忘れ去られて消えてしまうかもしれません。そんなことになってはもったいない限りです。

私は文学に携わる者としてそれを何とかしたいと思っていますが、かといって、人から読むようにといわれて読む本ほどおもしろくないものはないことも知っています。「読みたい気持ち」を生み出すしくみを考えていかなければならないのです。

とっつきにくい印象のある古典作品に対して、「読みたい」というモチベーションをつくることは容易ではありません。**だからこそ文学研究者が、その作品の価値を明らかにし、もっと深く味わうための読み方を示していく必要があると思っています。**

普段は役に立たないけれど、いざというとき役に立つ

文学は、いわゆる実学とは違います。何か生活で役に立ち、直接利益をえることに結びつく学問ではありません。現代社会では理系の学問を重んじる傾向があり、文学は「なくてもいいもの」ととらえられがちです。

成果が伝わりづらいため、やむをえない部分もあるとは思いますが、ここまで読んでくださったあなたならきっと感じておられる通り、文学には他の学問にはない「文学でしか示すことのできない人間の真実」を発見させる力があるのです。

極端な例をあげると、戦争が始まるとか災害に襲われるといったような、人が極限状況に追いつめられたとき、そこで問われる人間の精神力、人としての土台となる人間的な生きる力は文学作品の中でこそ培《つちか》われていく、と私は思うのです。

安易にお金や技術で解決できない、のっぴきならない問題にぶつかったときこそ、文学は私たちの拠《よ》り所になります。文学作品を読むことで、そこから生きる力をくみあげることができるからです。

例えば、一人称の語り手を分析していると、語り手自身の認知の歪《ゆが》みや価値観の偏《かたよ》りに

物語にはさまざまな表情がある

気づくことがあります。語り手が「事実」として語るできごとは、あくまで語り手に見えている、世界の一面にすぎないわけです。ある人物が、自分にとってはいやな人だけど、別の誰かにとってはいい人なんていうことは、現実世界にもざらにありますよね。

そう考えてみると、現実の私たち自身は、「一人称」でしか世界を見ることができない存在なのです。自分の人生の中だけで知れることは、とても限られています。

物語を読むことで語り手の視点を共有して、その経験を追体験することは、別の誰かの目で世界を見ることができるということです。

それは本を読むことでしかえられない、とても貴重な体験だと私は思います。

なぜなら、文学には、正しいことや美しい

ことばかりではなく、心の秘密や悪事も赤裸々《せきらら》に描かれているからです。

83ページ以降で紹介した『フランケンシュタイン』の例でいうならば、ウォルトンの弱さや、フランケンシュタインの憎悪、そして怪物の孤独。そこにはたんなる恐怖小説として片づけられないもの――人間の弱さや本質が描かれています。

現実世界では誰にもいえず、ひとりで耐えるしかないような苦しみや悲しみも、物語の中で共有し、その存在を認め、ともに悩み、救いをえることもできるのです。

美しい部分も醜《みにく》い部分も丸ごと含めて、人間を深く、そして具体的に描くこと。それこそが文学の、文学にしかできない仕事だと私は思うのです。

文学は実用的知識を身につけたり、技を磨いたり、世間的成功を達成するために読むものではありません。人間に対する関心を深め、想像力を広げるものなのです。

自分以外の誰かの視点を通して示される物語を読むことによって他の誰かの身になって考える力が培《つちか》われ、そこに描かれる人間たちの姿から勇気や救い、生きる力を受け取り、自分自身の生き方を考える力に変えていく。文学は、人間が人間として生きるための力を養う宝庫なのです。

だからこそ「文学でしか示すことのできない人間の真実」を、より多くの人に届けたい。それを自分の文章によって伝えることが、私の願いです。

POINT

- ☑ 子どもの頃、たくさんの物語に生きる力をもらった。
- ☑ 趣味の読書に留まらず、研究することで
物語をより深く味わうことができると知った。
- ☑ 「人間として土台となる力」を育ててくれるものが、
物語の中にはあると思う。
- ☑ より多くの人に「文学でしか示せない人間の真実」に
接してもらうために、研究者である自分が
「読み方」のヒントを示していきたいと思っている。

**日常の中にも「本当の人間」が描かれている。
誰かの物語の中に、あなたにも通じる
「人間の真実」の姿を見つけてみよう。**

もっと究めるための3冊

批評理論入門

著／廣野由美子　中央公論新社

83ページに登場した『フランケンシュタイン』を題材に、物語の技法と最新の批評理論を紹介。物語を読む視点を大きく変えてくれる一冊です。

小説の技巧

著／デイヴィッド・ロッジ　訳／柴田元幸・斎藤兆史　白水社

イギリスの小説家・批評家ロッジが書いた小説論。古今の英米作品から具体例をあげて、小説を読む50のポイントを解説しています。

読書案内

著／W.S.モーム　訳／西川正身　岩波書店

イギリスの小説家モームが書いた読書の手引き。イギリス文学・ヨーロッパ文学・アメリカ文学の中から、「楽しく読める」書物が紹介されています。

協　　力　松尾豊、長谷川眞理子、廣野由美子

デザイン　寄藤文平+古屋郁美(文平銀座)
イラスト　はしゃ
編集協力　塚田智恵美
執筆協力　小野雅彦(2章)、オオタユウコ(3章)
取材協力　乾友紀(3章)
企画協力　佐渡島庸平、中村元(株式会社コルク)
制作協力　山口文洋、前田正広、依田和人、赤土豪一、佐藤南美(スタディサプリ進路)

<スタディサプリ進路とは>

「学びたい」「学んでよかった」がもっと増えていく世界を目指して、高校生のみなさんが進路を選ぶために必要な情報を、テキストやWEBサービスを通して提供しています。働くこと、学ぶこと、そして学校について、さまざまな観点で紹介することで、自分らしい進路選択を応援します。

この本は、スタディサプリ進路が2019年に制作した冊子『スタディサプリ進路　学問探究BOOK』を、再編集し書籍化したものです。この本で紹介した内容、個人の経歴などは、本書刊行時のものです。

スタディサプリ　三賢人の学問探究ノート(1)

人間《にんげん》を究《きわ》める

2020年3月　第1刷

編　　　スタディサプリ 進路
発行者　千葉 均
編　集　岡本 大
発行所　株式会社ポプラ社
〒102-8519　東京都千代田区麹町4-2-6
住友不動産麹町ファーストビル　8・9F
電話（編集）03-5877-8108　（営業）03-5877-8109
ホームページ　www.poplar.co.jp
印刷・製本　中央精版印刷株式会社

©Recruit 2020　ISBN978-4-591-16576-8　N.D.C.914　95p　21cm　Printed in Japan

P4900248